DISSERTATION

SUR

LES GIROUETTES

ET LES MARIONNETTES.

DISSERTATION

SUR

LES GIROUETTES

ET LES MARIONNETTES,

Par le bonhomme Thomas, Concierge logé dans la lanterne du Dôme des Invalides,

AVEC DES NOTES, ET SUIVIE

De ses RÉFLEXIONS sur la manière de lire l'Histoire et d'apprécier les Conquérans.

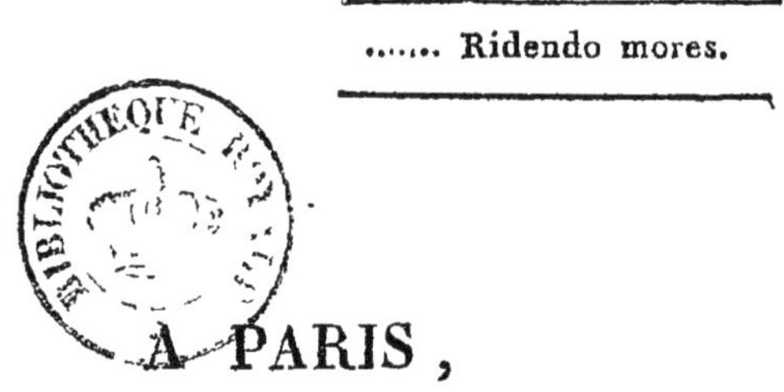

.... Ridendo mores.

A PARIS,

Chez DELAUNAY, libraire, au Palais-Royal, Galerie de Bois, n° 243 ;

Et chez LATOUR, libraire, au Palais-Royal, Grande Cour.

DISSERTATION

SUR

LES GIROUETTES ET LES MARIONNETTES.

LA solitude invite à rêver, et je suis solitaire dans ma lanterne du dôme des Invalides. C'est pour cela que j'ai beaucoup réfléchi sur la manière dont on lit communément l'histoire, et dont on apprécie les conquérans. Mais ce n'est pas là ce dont je veux premièrement m'occuper.

L'élévation de mon appartement me met à même d'examiner à mon aise les Girouettes de la ville. Depuis vingt-cinq ans, c'est mon asile : on juge si j'ai dû les voir tourner souvent ! Le 3ᵣ mars dernier, je les considérais à mon ordinaire. Il faut dire ici, à cause des événemens qui se passaient à cette époque, que je suis impotent et sourd : je ne pouvais être sous les armes, et d'ailleurs je n'eusse toujours pas été de la garde nationale, puisque je ne suis qu'un pauvre concierge. J'étais donc céans, n'entendant ni la ca-

nonnade ni la fusillade, et uniquement occupé
de regarder mes Girouettes. Croira-t-on qu'une
sorte de prestige me les fit tout-à-coup paraître
comme autant de personnages animés, qui, tout
en pirouettant , causaient et dissertaient entre
eux. Ne pouvant en revenir de les entendre parler, je me dis au premier abord : Peut-être ont-
elles besoin d'être graissées , et je prends pour
des articulations le bruit qu'elles font en tournant forcément. Je vis bientôt que j'étais dans
l'erreur et je remarquai même , avec un nouvel
étonnement , qu'elles s'occupaient d'objets po-
litiques et de projets d'ambition et de fortune.
Elles avaient un roi , mais qui n'était point une
girouette comme elles ; un être qui n'était
point de leur nature et que la Providence sem-
blait leur avoir donné pour les protéger , ainsi
que pour défendre leurs droits. J'avoue que je
suis encore à savoir en quoi les intérêts de la
chose publique peuvent consister pour des Girouettes ; mais enfin , je raconte ce que j'ai vu.
Elles secouent son autorité et se constituent en
république. « Citoyen? Citoyenne ? » se disent-
elles alors réciproquement, tournant et s'agi-
tant d'un air fier. La dénomination féminine est
ici un terme générique qui comprend des mâles
et des femelles.

Je ne puis dire toutes les variations de gouvernement dont je fus le témoin en peu de
momens : nos personnages allaient, venaient
avec une rapidité étonnante ; et, tantôt regardant le nord, tantôt le sud, tantôt l'est, tantôt
l'ouest, toujours, à chaque fois, ils changeaient
la forme de leur administration. Moi, songeant
à toutes les variations de ce genre que la France
république a elle-même éprouvées, je me di-
sais, étonné de la similitude : C'est bien singu-
lier que des Girouettes ressemblent aux Français, ou que les Français ressemblent à des Girouettes ! comme on voudra. « Gardez, gardez,
rappelez votre roi ! leur criai-je, vous vous re-
pentirez de l'avoir quitté ; croyez-en mon expérience, tôt ou tard vous serez trop heureux
de le supplier de revenir. » Je prononçai si for-
tement enfin, que plusieurs Girouettes m'entendirent, mais me regardant fixement ; et d'un
air menaçant : « Qu'ose dire cet atôme ! » s'écriè-
rent-elles, et elles s'agitèrent avec fureur et in-
dignation ; puis me regardant encore, je crois,
Dieu me pardonne, qu'elles me firent la grimace et me montrèrent le poing...... Des Girouettes faire la grimace et montrer le poing !
cela paraîtra inconcevable. Mais peu à peu les
choses changèrent : on ne disait plus guère ni

citoyen ni citoyenne. Je m'aperçus que cinq personnages formaient le Gouvernement ; bientôt
ces cinq se réduisirent à trois. Un seul enfin, me
parut l'objet de tous les hommages. On ne le
traitait cependant pas encore de majesté , mais
la chose ne tarda point. *Sire* ! lui dirent des Girouettes ci-devant fort démagogues. — *Prin-
cesse*, répondit à l'une le monarque ; *comtes-
se*, répondit-il à l'autre. Les voilà , me dis-je ,
revenues à la monarchie. Je me mis à crier :
« C'était bien la peine de tout détruire , n'est-
ce pas , pour en revenir au même point ? N'a-
viez-vous pas un roi ! Pourquoi l'avoir écarté ,
pour en mettre un autre à sa place ? Celui-ci ,
d'ailleurs , n'est pas de la même nature que l'autre ; saura-t-il vous garantir ? » Remarquez bien
que c'étaient toujours les mêmes Girouettes qui
figuraient au premier rang sous tous les partis ,
et je crois bien qu'elles m'entendirent encore ,
mais elles ne me répondirent seulement pas , car
elles se donnaient un air de dignité. Il me parut
que le souverain traitait assez durement la masse
du peuple , mais , connaissant la vanité de ceux
qui l'entouraient , il sut se les attacher en les
faisant dorer ou argenter. En un instant , j'en vis
une foule reluire aussi brillans que des soleils ;
et, à dire le vrai, quoique le plus grand nombre

eût lieu d'être assez mécontent , presque tous avaient l'air fort satisfait : on le louait , on le portait aux nues. J'entendis beaucoup de Girouettes lui lire des Odes et différentes espèces de Pièces flatteuses , en prose comme en vers.

Tout-à-coup, je crus entendre dire qu'il avait été assez fou pour déclarer la guerre aux Vents, qui ne lui disaient rien. Voilà que , à plusieurs reprises, surviennent d'affreux ouragans, et une multitude de ses sujets baissent le nez, ou tombent comme des châteaux de cartes. « Tout va bien, répétait la troupe dorée, argentée ou poétique, tout va bien ; il est invincible et se porte bien ! » En ce moment , Borée se met à souffler avec une telle furie, que le monarque est atteint et dégringole en bas des bâtimens. Je vois alors reparaître le roi. « Hommage ! lui disent aussitôt les mêmes Girouettes adulatrices , nous vous attendions. Un monstre, un scélérat nous enchaînait, mais nous le détestions, nous pressions même votre retour. « Ce n'est pas vrai ! me pris-je à crier, ce n'est pas vrai ! j'ai tout vu, tout entendu. Sire , ne les écoutez pas..... »

Comme je parlais , quelqu'un entrait dans ma lanterne. Je me retourne. C'était mon confrère nommé pour occuper la lanterne du Panthéon, quand elle serait faite, bien entendu. Il avait , depuis peu, obtenu cette nomination par des vers assez louangeurs, qu'il avait fait faire, et adressés à l'empereur Napoléon. « Tout est bien changé, père Thomas, me dit-il; la ville a capitulé, demain les troupes alliées entrent dans Paris; l'empereur est déchu, c'est immanquable, et Louis XVIII rétabli sur son trône. » Moi, je suis un bonhomme; voyant bien aussi que sa place était immanquablement perdue, et que jamais il ne siégerait sur les Grands Hommes, je lui dis, d'un air piteux : « Ah ! mon pauvre Barnabé ! et voilà la récompense de tes vers à vau-l'eau ! — Comment, mes vers ? reprit-il. — Oui, ces vers si bien tournés que tu as présentés à l'empereur. — Ah ! le scélérat ! repart Barnabé; si je l'ai flatté, c'était bien contre mon intention, j'aurais toujours voulu le savoir au fond de l'enfer. Mes vers ! est-ce que c'est moi qui les ai faits, ces vers ? — Non ; mais si tu n'avais pas été un peu enthousiasmé de lui, comme bien d'autres, tu aurais pu te contenter de lui présenter une requête pure et simple, et surtout sans flagornerie. — Ah ! bien, reprit Barnabé, vous êtes bon ! mais de tous ceux qui lui ont offert des éloges, croyez-vous qu'aucun les ait pensés ? Si vous voyiez donc comme déjà tout le monde se déchaîne contre lui, comme

les murs et les baraques sont couvertes d'affi-
ches et d'imprécations !.... Personne, père Thomas, personne n'était pour cet homme-là. Quant
à moi, je suis réellement au désespoir de lui
avoir demandé et d'en avoir obtenu quelque
chose; mais, patience, je vais faire faire de nou-
veaux vers à Louis XVIII, et c'est de lui, de
lui seul, que je veux tenir ma nomination.

Je laissai partir Barnabé, et il ne fut pas plutôt sorti que je me jetai sur ma chaise. J'étais
tout étourdi. Parbleu ! me dis-je, en voilà
d'une bonne ! Les voilà tous qui veulent n'avoir
pas été pour Napoléon. Barnabé m'avait en
même temps apporté le Journal de l'Empire,
je me trompe : le Journal des Débats ; non, je
ne me trompais pas : le Journal de l'Empire, il
n'était pas encore redevenu le Journal des Débats ; et je vis par cette feuille qu'en effet tout
tournait. Mais, repris-je, comment, diable, se
fait-il que ce soit là précisément ce que je con-
templais, et surtout qu'il y ait tant d'analogie
entre un peuple et des Girouettes ? Mettons que
je n'aie eu qu'une vision ; comment se fait-il que
les hommes agissent précisément comme les Girouettes agissaient ? Voyons, raisonnons : car moi
j'aime beaucoup raisonner. « Les hommes me
paraissent des Girouettes ; donc les Girouettes

seraient des hommes..... Oh ! les Girouettes être
des hommes ! cela est impossible. «Les Girouettes,
dit l'Académie, sont de petites pièces de fer-
blanc attachées à un pivot...» Placées sur un en-
droit élevé, il est naturel que le moindre vent les
fasse tourner. Oui, mais, si on leur suppose un
sentiment, et qu'elles ne doivent suivre que l'im-
pulsion nécessaire au bonheur général de leur
espèce et que réclame l'équité, comment se fait-
il qu'elles n'en vibrent pas moins à chaque instant sur toutes les directions ? l'avantage d'être
douées de sentiment devrait, ce me semble, les
porter à se tenir sur un point fixe : car... « Je ré-
pétai plusieurs fois *car*, et tombai dans une mé-
ditation profonde, assez ressemblante à de l'as-
soupissement. Mon esprit alors se représenta ces
jeux innocens, si chéris des enfans, des bonnes
et de tous les badauds oisifs ; ces jeux publics
que l'on nomme Marionnettes. Il me sembla voir
que, de tous les fils qui les faisaient mouvoir,
l'un était celui de l'intérêt personnel, l'autre
celui de l'ambition, l'autre celui de l'intrigue,
l'autre, etc., etc. ; quelques-uns cependant ceux
de la franchise, de la droiture et de la bonne-foi.
Il en était de divers métaux, d'or, d'argent, de
cuivre, de plomb, de fer ; de très-fins, de très-
gros, d'imperceptibles ; en lin, en chanvre, en

soie. « Ah ! que de fils, que de fils différens ! me dis-je ; et ce ressort est tout, le reste n'est qu'un pantin !... Mais, par la corbleu ! » repris-je en me levant tout-à-coup presqu'en colère et me démenant, autant que l'espace de mon appartement peut me le permettre (et il n'est pas grand), « mais, par la corbleu ! les hommes vont-ils n'être encore que des Marionnettes ? Doivent-ils ? peuvent-ils être mus par des fils ? » « Bien dit, Thomas ! m'écriai-je, tu as coupé le nœud. Doivent-ils ? non. Peuvent-ils ? oui. Tout est expliqué ; mais, bonhomme, fais-y bien attention : les Girouettes tournent parce qu'elles sont faites pour tourner ; les hommes les imitent parce qu'ils sont faibles et susceptibles de faillir. Ne leur en veux donc point, et gémis plutôt de leur imperfection. »

« Moi, leur en vouloir ! répondis-je à cet autre moi-même, mais ce serait les condamner de revenir aujourd'hui aux bons principes ; et bien loin de là, je les en loue au contraire : mais ce que je leur reproche, c'est de disconvenir de leur mobilité, et de s'acharner contre un homme dont presque tous ils faisaient leur idole. » C'est en effet la tout ce qui m'indisposait contre Barnabé. Il me prit alors idée de jeter un nouveau coup d'œil au dehors, pour y voir encore ce qui se passait. Oh! ma foi, il ne peut plus y avoir de similitude : quoique pouvant jouir d'une douce tranquillité, les Girouettes ne cessaient de tourner encore en tout sens ; c'étaient des cris, des discussions à n'en plus finir.... Assez, assez, me dis - je , ce n'est plus là de la raison. Tenons-nous en à ce que nous avons vu et entendu.

Quant à moi, je ne dirai pas de Napoléon, qu'il ne m'ait pas quelquefois ébloui, surtout quand j'ai vu redorer le dôme de notre hôtel. Cependant je le désapprouvais en beaucoup de choses, et ne convenais point même de l'excellence du genre de gloire qu'il ambitionnait, ainsi qu'on le verra bientôt ; mais tout cela, je le pensais sans mot dire, je ne me targuerai pas d'un mérite que je n'ai pas eu. Après tout, je n'accuse personne , et si je vous ai prouvé que vous fûtes des Girouettes ; grâce au meilleur des rois , nous ne sommes pas dans un temps d'intolérance, dites : C'est vrai, nous tournions, mais nous ne tournerons plus.

NOTES.

Je joindrai ici quelques notes, que je dois en partie à une Relation d'un de mes amis, où il est aussi question de girouettes et de marionnettes, et qui, partant, pourront être regardées comme mes pièces justificatives. Voici comme il raconte les événemens du 31 mars :

« Le matin encore, dit-il, avant l'affaire, les rues retentissaient des excès commis par l'ennemi dans nos provinces envahies ; la douleur, la consternation étaient sur toutes les figures. Le soir, ce fut tout autre chose ; les désastres de nos provinces étaient oubliés, tout le monde paraissait joyeux et content. Je me dis : quelles marionnettes !

« Le lendemain, les ennemis firent leur entrée ; toute la population était sur leur passage, accueillant, admirant ces mêmes hommes que, la veille, elle donnait à tous les diables ', redoutant fort de tomber sous leur puissance. Elle était loin de les craindre alors, elle les trouvait charmans; les Cosaques eux-mêmes, ces lanciers à barbe rousse et à la mine hagarde, dont on n'avait jusque-là rien dit, ni rien auguré de flatteur, paraissaient des cavaliers de la meilleure mine du monde, et que l'on pouvait au besoin faire passer pour la fleur de la courtoisie....

« L'autorité de Napoléon commençant à chanceler grandement, on ne le nommait plus le grand Empereur, ni le fils de la Providence : on se taisait; mais, dès que seulement deux ou trois cent mille hommes armés des puissances alliées se trouvèrent, tant au sein de la ville, que dans ses environs, tout près des barrières; étant incontestable alors que Napoléon n'était plus à redouter, des écrivains se montrèrent aussitôt, pleins d'un courage et d'une audace difficiles à peindre. Plusieurs, en ce moment, dit-on, furent même très-bien servis par la haine. Les parapets, les baraques se couvrirent de pièces d'éloquence. O le dévorateur! s'écriait l'un; ô le monstre! ô le tyran! répétait l'autre (1). Je lus toutes ces pièces très-attentivement, et je me dis: Il va pleuvoir, les girouettes ont tourné et regardent le couchant...... etc. »

Les passages suivans d'une brochure que mon ami m'a prêtée, quoique d'un genre plus sérieux, m'ont paru encore fort analogues au sujet de ma dissertation.

(1) Cette plaisanterie ne porte que sur le plus grand nombre et non sur tous. Il en est certainement qui n'avaient pas attendu ce moment pour montrer du courage.

« Aux inquiétudes que présente l'instabilité des choses humaines, » dit l'auteur de cet écrit, remarquable par son énergie, et par une franchise souvent un peu rude, « ajoutez celui que fait naître *la versatilité* d'une nation la plus complimenteuse de l'Europe, qui, pour habitudes, n'a que des modes, qui parcourt tous les extrêmes, et qui passe rapidement de l'enthousiasme à l'indifférence...... A certaine époque, on disait des Romains, qu'il leur fallait *panem* et *circenses*, du pain et des spectacles. La plupart de nos citadins ont un troisième besoin, celui de ramper. A toutes les époques de la révolution, on les vit prosternés devant quelque idole : point de dignité dans leur caractère..... L'âme est profondément contristée à l'aspect de fourbes couverts d'or et couverts de crimes, qui, par leur fortune, leur audace et leurs places, exercent sur la société un ascendant funeste..... Plusieurs d'entr'eux, après avoir encensé Marat et Roberspierre, entassèrent toutes les malédictions sur la tombe de ceux dont ils avaient été les complices. D'autres, après avoir été les panégyristes de l'homme qui vient de tomber, gorgés par lui de biens aux dépens de la nation, déroulent actuellement le tableau des forfaits de celui qu'ils déifiaient. Ayant arboré toutes les livrées, on ne peut les comparer à Janus ; car la mythologie ne lui donne que deux faces : ils en ont trente..... etc. (*De la Constitution française de 1814*, par M. Grégoire ; 4ᵉ. édit. pages 32-35.)

On connaît une caricature qui assimile les hommes
à des moulins à vent : nouvelle pièce justificative.
Je termine par quelques anecdotes, consignées à la
suite de la relation citée précédemment. La première se
présente mise en vers :

> Lorsque le règne du grand homme
> Vers son terme s'achemina,
> Le burin qui tout burina,
> Montrait le petit roi de Rome
> Joignant les mains, priant en somme
> Pour la France et pour son papa.
> Mars a bien fait changer la carte :
> C'est toujours le même burin,
> Mêmes traits, mêmes vœux enfin,
> Mais ce n'est plus le petit Bonaparte.

C'est au fils de Louis XVI que cette gravure fait maintenant allusion.

—Un gros portrait de Napoléon, c'est-à-dire un
portrait mal dessiné, fort peu ressemblant, et gravé
en bois, devint tout-à-coup celui d'un général de
l'armée des puissances alliées; je crois même d'un chef
de Cosaques.

—Je rencontrai en avril un marchand que je con-
naissais, et qui est modeleur en plâtre. Je cours, me
dit-il ; voici un buste que l'on attend avec impatience,

ainsi que la collection qui doit suivre ; c'est le premier qui paraît. J'espère, lui dis-je, que vous le portez à quelque bon royaliste ? — Ma foi, me répondit-il, je ne sais trop que dire de mon chaland, sinon que je le fournis depuis 89, et que sa manie depuis cette époque a toujours été d'être le premier à placer dans son cabinet le portrait de l'homme en faveur. — Parbleu ! lui répartis-je, son cabinet doit être garni !.... — Point du tout, interrompit le marchand, c'est qu'en ce moment même il ne s'y trouve plus personne, et c'est pour cela que notre amateur me presse encore plus, parce que son cabinet lui semble un désert : à mesure que les choses changent, il détruit. Adieu, je vous quitte.

Il s'éloignait ; je le rappelai sur une réflexion qui me vint à l'instant. Dîtes-moi donc ? lui demandai-je de nouveau ; cela ne s'étend pas sans doute aux littérateurs, et il aura dû conserver Rousseau et Voltaire, quoiqu'on les ait beaucoup fêtés dans la révolution ? — Détruits, me répondit mon homme, mis en pièces depuis certains articles d'un Journal qui a prouvé qu'ils n'étaient plus en crédit, et que le dernier même n'est pas un très-bon poète. — Attendez donc, lui dis-je encore, mais il doit lui rester Bernadote ? — Bernadote ! à reproduire, répondit-il ; vous n'avez donc pas suivi les papiers ? brisé dans le courant de 1815.

— Tous les jours, on remarque sur les écriteaux des boutiques, des lettres fraîchement peintes parmi d'au-

tres presqu'effacées de sécheresse et de vétusté. « Quel
« témoignage parlant de la versatilité de nos pensées ! »
s'écria un riche parvenu, d'un ton philosophique et
poussant un soupir.

— Le maître d'un bureau de loterie faisant substituer
le mot *royale* au mot *impériale* : Voilà, dit- il, en
parlant de la finale du mot, trois lettres qui auront
figuré sous trois gouvernemens. Je les fis faire pour
loterie *nationale* ; elles furent conservées pour loterie
impériale, elles resteront pour loterie *royale*. La dé-
pense n'est pas grande, M. le peintre, il ne me faut que
trois·initiales au lieu de six ; écartez un peu, il n'y paraîtra pas.

— Une administration, dont le transparent offrait :
Vive le roi de Rome, s'empressa, lors des derniers événemens, d'y faire substituer *Vivent les Bourbons*. Le
peintre effaça bien *le roi de Rome*, mais n'ajouta pas
la marque du pluriel au premier mot, de manière qu'au
grand étonncment de bien des personnes qui ne pou-
vaient concevoir qu'on eût laissé faire cette faute de
grammaire, on lisait : *Vive* les Bourbons. La sur-
prise ne cessa que lorsque l'on eut remonté à la source,
et l'on eut même égard à la précipitation.

—Un poëte, connu par plusieurs poëmes en l'honneur
de Napoléon, se hâta, sitôt la chute de ce dernier, de ré-
pândre que l'on s'était étrangement abusé sur son compte,
et que nul autre que lui n'avait été le plus grand ennemi

du tyran. « Mes vers, il est vrai, disait-il, lui semblent favorables, mais accusez la censure ou l'ancienne police, qui retrancha constamment mon exorde. « Traître ! Barbare oppresseur ! m'écriais-je ; toi qui nous accables de tant de calamités, que ne pourrais-tu pas pour notre bonheur ! Ah ! tout ce que tu fis de bien t'accuse lui-même....... » Ici commençait ce que vous connaissez : « *Tu vins ; la Providence,* » etc. , etc. , que la police laissa paraître et me força même de publier, si je voulais obtenir ma grâce. Vous voyez que l'exorde faisait tout. Je vais le rétablir, le faire imprimer en tête de mes vers, et j'espère que MM. les journalistes me mettront du nombre de ceux dont la voix est pure et vraiment vierge. »

—Un autre poète, habitué à débiter à la gloire du conquérant, des impromptus que selon l'usage il faisait d'avance, voyant le nouvel ordre de choses, et sa pacotille exposée à rester sans valeur, s'y prit d'une manière toute simple ; partout, au lieu de l'affirmative, il mit la négative, ou au moins une expression ironique. Ayant dit, par exemple :

> Magnanime héros, en tous lieux tu vaincras !

il substitua,

> Tu te crois un héros, mais tu ne vaincras pas.

—Dans le même temps où la déchéance venait d'être prononcée, une dame qui avait une pétition toute prête pour un grand seigneur, le voyant figurer dans le nouveau gouvernement, crut pouvoir faire encore usage de sa requête, sauf en y faisant quelques légères additions ; elle mit donc : *Monseigneur d'aujourd'hui, votre Excellence d'hier m'avait promis*, etc.

— Lorsque son Altesse Royale MONSIEUR, frère du Roi, fit son entrée à Paris, quelqu'un en le voyant, s'écria : Comme il ressemble à Henri IV ! — S'il ne lui ressemblait que par les traits du visage, répondit son voisin, nous serions fort en peine ; heureusement qu'il lui ressemble aussi par le cœur.

J'ajouterai pour les lecteurs un peu graves, et qui visent aux grands résultats, que je n'ignore pas tout le parti que l'on aurait pu tirer d'une Dissertation sur les girouettes et les marionnettes, en ne donnant à cette idée que l'apparence de la frivolité. Mais ne vaut-il pas mieux éloigner tout ce qui ne tendrait qu'à entretenir de funestes divisions, et se réunir franchement en convenant réciproquement de ses torts ! Voilà ce que j'ai pensé et ce que j'offre pour excuse.

RÉFLEXIONS

SUR

LA MANIÈRE DE LIRE L'HISTOIRE

ET D'APPRÉCIER LES CONQUÉRANS.

Mes réflexions sur la manière de lire l'histoire et d'apprécier les conquérans, sont fort antérieures au 31 mars, et franchement, bien d'autres que moi les auront faites pendant nos guerres continuelles; mais comme je suis un raisonneur s'il en fut, je vise encore aux conséquences, et je crois pouvoir sans difficulté rattacher mes idées aux événemens récemment arrivés. Je vous ai reproché précédemment de vous acharner contre un homme dont presque tous vous fîtes votre idole; ici je vous dirai que vous ne savez pas le combattre, qu'il est en effet très-coupable, mais que vous ne l'êtes pas moins, si vous ne l'êtes encore plus..... — Quoi! un exterminateur! — Dites, dites. — Un dévastateur! un homme qui, entiché d'une gloire aussi fausse que pernicieuse..... — Là, là, n'allez pas plus loin, je vous tiens ; oui, messieurs, le bonhomme Thomas vous tient et vous tient bien; souvenez-vous seulement de cette gloire aussi fausse que pernicieuse..... Et vous, mes bons amis, cette gloire là ne vous offrit-elle à vous-mêmes aucun charme ? Mais ne précipitons rien.

Je commence par dire : Quel est notre but en lisant l'histoire, ou quel est le but de ceux qui nous la font lire ? Et quel fruit retirons-nous de cette lecture ? Tout cela demande quelques développemens préliminaires : j'y procède, et, selon ma coutume, je pars d'un principe.

Nous naissons tous avec une âme plus ou moins ardente, et l'émulation paraît même en nous une qualité fort louable. Il ne s'agit donc plus que de s'accorder sur le genre des actions les plus capables d'illustrer. — « Les plus vertueuses, direz-vous aussitôt. » C'est très-beau, très-bien pensé. Eh bien! ce fut certainement une action très-vertueuse et très-admirable de la part d'Alexandré-le-Grand, que de rassurer et prendre sous sa protection toute la famille de son ennemi, et de s'en faire aimer au point qu'elle le pléura comme un père. Ce fut sans doute aussi une action très-méritante de la part de Cyrus, de faire cesser la captivité du peuple juif. Ce fut aussi très-vertueux et très-louable de la part de César, de pleurer Pompée, de regretter Caton. — Mais, m'objecte-t-on, pourquoi citez-vous tous ces personnages de l'histoire ancienne ? — Ah pourquoi! pour deux raisons : la première, parce que je sais très-peu ou point la vie des modernes ; la seconde, parce que j'ai fait mes classes : vous ne vous doutiez peut-être pas de cela, malgré mon épigraphe latine en tête de ma brochure ? En sixième, j'expliquais l'*Epitome historiæ Græcæ ;* en cinquième, le *De viris illustribus urbis Romæ* ; en quatrième, le *Selectæ è profanis scriptoribus* et Justin ; en troisième, Quinte-Curce et les Commentaires de César ; j'arrivai aux Vies de Plutarque, je ne passai pas cela. Je grandis, me fortifiai donc en admirant tous les grands hommes de l'antiquité ; et, entrant dans le monde, je reconnus que je savais tout ce qu'il fallait savoir, car partout je contemplai leurs traits ; nos monumens, nos promenades, tout me les retraçait et les retrace encore ; ils sont l'âme de nos discours, de nos pensées, de nos écrits, comme les alimens continuels de nos arts. Nous ne voyons, nous ne pensons que par eux, et sans doute ils le méritent, puisqu'ils sont tous décorés du titre de *Grand*. J'avais bien distingué quelques autres princes, tels par exemple qu'un Léonidas, un Numa; mais Léonidas, avec son dévouement pour sa patrie et celui de ses trois cents braves, fut un soldat courageux plutôt qu'un habile capitaine, et ne peut être mis en parallèle avec un Xerxès le-Grand, son vainqueur, qui commandait des armées et des flottes innombrables et faisait battre de verges les flots de l'océan, pour les punir d'avoir manqué de respect à sa puissance. Numa ne fut qu'un bonhomme avec toutes ses lois et ses institutions religieuses. Est-ce là un prince que l'on puisse mettre de pair avec un Alexandre, un César? et que serait-ce si je citais d'autres grands hommes! Il faut que je vous fasse une confidence et qui peut être vous paraîtra un peu importante; c'est qu'en vérité, sans avoir été patriote dans l'acception que l'on donna chez nous à ce mot, lorsqu'on déclara que la royauté était abolie en France, j'éprouvai un certain plaisir secret, dont je me suis bientôt repenti et souvent accusé, mais enfin qui n'a pas moins existé en moi. D'où me venait cette sensation singulière? de ce qu'intimement le seul nom de roi me déplaisait, sans que je susse pourquoi. Quand je dis : Sans que je susse pourquoi, j'entends : Sans que je pusse réellement motiver cet éloignement de ma part envers ceux qui l'ont porté ; quant à la cause qui avait fait naître en moi cet éloignement, je la connais bien : c'est qu'on ne cessait dans nos classes de nous prôner les Thémistocle, les Alcibiade, les Epaminondas, les Solon, les Lycurgue, les Pompée, les Cicéron, les Scipion, les Brutus, les Manlius, les Horatius Coclès, en un mot tous les plus vaillans, comme les plus éloquens républicains. Il en était résulté dans mon imagination un enthousiasme extraordinaire pour toutes les idées d'indépendance; et le commencement de la révolution flattait beaucoup toutes ces idées-là ; peut-être aussi l'intérêt personnel, un peu d'ambition les secondat-il, quand je vis une immense carrière ouverte à tout le monde ; je pensai que je pourrais devenir peut-être un Pompée ou un Scipion ; je ne devins pourtant qu'un pauvre concierge. Mais poursuivons nos développemens préliminaires.

Sorti du collége et imbu d'idées toutes grecques et romaines, je me dis en voyant que nous vivions sous une monarchie: Tiens, nos professeurs ont voulu rire, ce sont de petits contes qu'ils nous faisaient pour nous distraire. Ainsi je n'y pensai plus jusqu'à l'époque que j'ai dite. Mais il me restait une opinion fixée sur les moyens les plus sûrs que puisse employer un souverain pour s'illustrer. Quand je vis que Louis XV n'était pas un conquérant, qu'il ne songeait en bon père qu'à rendre sa grande famille heureuse, et qu'il était surtout avare du sang de ses sujets, je me dis : Ce prince là n'aura jamais le titre de *Grand*. Eh mais ! c'est un Numa. Bon, sensible, humain, clément, religieux, il a toutes les vertus privées, et toutes ces vertus là ne font pas briller dans l'histoire. On s'y occupe fort peu des surnoms de *sage*, de *père du peuple* et de *bien-aimé* ! Il craint tant de verser une goutte de sang ! Oh, parbleu, César en versa bien d'autres et il est grand. Tous ces personnages que j'ai déjà cités, eurent aussi de bonnes qualités, mais certainement s'ils n'eussent eu que ces qualités, ils ne seraient pas venus jusqu'à nous, et ce n'est pas pour cela qu'on les admire. Peut-être leurs peuples furent-ils très malheureux, mais le temps efface les plaintes et les malheurs de la multitude : les actions éclatantes des princes, seules demeurent.

Voilà comme je raisonnais , et , pour couper court , comme nous raisonnons tous fort mal. Pourquoi généraliser ? dites-vous. J'ai tort , et je reprends : Voilà comme je raisonnais , comme beaucoup d'autres ont raisonné et raisonnent encore. Si nous n'en jugions pas moins d'une manière très-fausse , à qui vous en prendrez-vous? Ce n'est pas à moi sans doute , mais à la manière dont on avait procédé à notre enseignement. Pour ne parler que de moi-même , ce n'est point là certes ce que j'avais droit d'attendre de la connaissance de l'histoire. Elle devait ne m'enflammer que pour les actions les plus capables d'illustrer , qui sont les plus vertueuses , ainsi que vous l'avez fort bien observé , et ce ne sont pas les plus vertueuses qu'elle me fit admirer. Donc le but que je m'étais proposé , ou celui qu'on s'était proposé pour moi , fut manqué : vous avez vu que je n'attachais réellement de prix qu'aux qualités guerrières ; et cette erreur me fut au moins commune avec le plus grand nombre.

Ce qu'il y a de certain , c'est que la gloire militaire , proprement dite , ne peut souffrir aucune atteinte. J'aimerais bien vraiment qu'on vînt rabaisser l'éclat de nos victoires et le mérite de nos services personnels. Le soldat ne fait qu'obéir, il ne peut que faire le sacrifice de sa vie, il ne voit que l'ennemi et le devoir de combattre ; il ne demande pas, s'inquiète même fort peu quels sont les motifs des guerres; il n'est pas étonnant qu'il partage aveuglément et même avec empressement les expéditions les plus désastreuses : il est tout au sentiment de l'héroïsme et de l'honneur. Mais comment expliquer que le plus grand nombre n'estime que les princes belliqueux et les règnes dévastateurs? mais comment concevoir qu'un pompeux échafaudage de victoires et d'exploits gigantesques, fasse exclusivement à ses yeux les grands règnes et les grands princes, et que cet édifice vacillant d'une gloire colossale, qu'elle - même la multitude a élevé au prix de ses sacrifices et de son sang, ne cesse d'être considéré par elle avec orgueil, comme un monument qu'elle croit encore digne de sa reconnaissance ?

Il n'est malheureusement que trop de guerres légitimes et comme indispensables. Cependant Louis XIV dont toutes les expéditions furent à peu près justifiées, et qui fut assez heureux pour qu'elles tournassent à la gloire de la France et la plaçassent au plus haut degré de splendeur, Louis XIV en mourant recommanda à son successeur de ne point l'imiter dans sa passion pour la gloire militaire. Preuve qu'il reconnaissait que les guerres les plus légitimes sont encore des fléaux très déplorables. Louis XIV ne craignait rien pour sa mémoire qui ne pouvait passer que fort brillante à la postérité ; cependant il émit une pensée triste et douloureuse. Il gémissait sur les peuples qui, à franchement parler, n'avaient pas été extraordinairement heureux sous son règne éclatant ; il regrettait surtout le sang qui avait acheté tant de triomphes. Ce sont en effet les peuples qui ont le plus à craindre dans cette occasion ; le souverain finit toujours par se tirer d'affaire d'une manière ou d'autre, et il est d'ailleurs bien sûr en mourant qu'il vivra. Or si les peuples surtout ont à gémir et ne peuvent que gémir, quelle que soit l'issue de ces entreprises, comment se fait-il qu'ils soient généralement portés à les considérer avec une sorte d'idolâtrie ?

Je ne veux cependant pas confondre l'effet avec la cause ; si le principe de l'enthousiasme est faux et chimérique, le monument qu'il a fait naître est réel, et je citerai ici, en faveur de ce dernier, notre prédilection ordinaire pour tout ce qui nous a le plus coûté. Il est naturel d'aimer, de chérir ce que nous avons acquis par de vives douleurs et de grands sacrifices ; mais cela ne veut pas dire que cet objet là soit plus précieux que tout autre , ou lui soit véritablement préférable. Tous les jours un enfant qui, par cette même raison que j'ai dite , est le Benjamin de sa mère, n'est à bien voir, que le plus méchant de la petite famille. Tous les jours il arrive qu'une mère n'aime ainsi exclusivement qu'un mauvais sujet qui doit un jour la faire bien gémir. Or, le mauvais sujet de notre texte , l'enfant venu péniblement, par cela même exclusivement chéri , qui cependant est le moins aimable et certe ne sera jamais qu'un être fort dangereux , c'est le brillant éclat des conquêtes , qui a coûté bien cher aux peuples, qui leur fascine les yeux , ne leur donne jamais aucune satisfaction réelle et quelquefois même entraîne leur perte.

Nous touchons au dénoûment. Faites maintenant un peu attention au raisonnement du bonhomme Thomas ; je ne parle toujours que du plus grand nombre : Notre éducation est vicieuse; notre but, en lisant l'histoire, ou celui qu'on se propose, de faire tourner à notre profit l'expérience des siècles, est manqué ; j'ajouterai que le fruit, retiré par nous de cette lecture, est d'autant plus opposé à ce que nous attendions , que, non seulement nous ne prenons de la gloire, qu'une opinion fausse et exaltée, mais que nos cœurs s'endurcissent même et s'habituent en quelque sorte à ne sentir que d'après les mouvemens vaniteux qui satisfont nos idées gigantesques. Vous-mêmes n'échapperez pas ici à quelques vérités un peu dures, mais enfin qui sont des vérités. Reportez-vous à ces désastres qui viennent de vous frapper, vous et votre territoire ; vous n'y songez qu'en frissonnant. Cependant, vous avouerez que ces mêmes désastres vous inspirèrent long-temps beaucoup moins d'horreur lorsqu'ils ne pesaient que sur d'autres peuples, qui sont aussi des hommes. Ai-je tort ? Vous exaltez beaucoup et justement aujourd'hui ce grand et magnanime monarque qui, se montrant chez vous moins en conquérant qu'en pacificateur, a dédaigné ses droits de conquête et de domination ; cependant, si, au lieu d'être vainqueur, il eût été vaincu, vous n'en eussiez pas moins été bien fiers, et vos louanges retentiraient encore aux oreilles de l'heureux Napoléon, qui déjà préparerait quelqu'autre expédition, que vous loueriez également, surtout si vous n'en supportiez pas les désastres au sein de vos propriétés. Ces vérités sont fortes, mais irrécusables. Maintenant rappelez-vous cette phrase que j'ai notée : et vous, mes bons amis, cette gloire fausse et pernicieuse dont vous parliez. elle sut donc aussi vous séduire !... Vous êtes pris, vous avez beau vous en défendre, et certes vous n'êtes pas moins coupables que l'homme contre qui vous déclamiez Quoi! vous n'avez songé à vous indigner de toutes les calamités qu'entraînent les conquêtes, que lorsque l'adversité les a fait peser sur vous-mêmes ! vous ne vous aperceviez même pas d'un effet si cruel, lorsqu'il ne frappait que sur d'autres peuples !.... Avouez que vous n'êtes pas fâchés en ce moment de recourir, pour votre propre compte, à toute l'influence que j'ai attribuée préliminairement à notre éducation.

Oui, l'erreur nous fut commune à tous, et c'est à l'enseignement qu'il faut s'en prendre en effet ; mais s'il influe d'une manière si puissante sur les peuples, il excuse en quelque sorte les souverains, qui, ainsi que les autres hommes, sont soumis au pouvoir de l'imagination, et vraiment auraient besoin d'être des anges pour toujours résister à l'appât trompeur d'une gloire exclusivement capable de les illustrer, d'une gloire dont ils entendent célébrer les modèles ; coûteuse, il est vrai, s'il s'agit de considérer les moyens de l'acquérir, mais dont le mode d'acquisition est généralement légitimé. Ceci n'est pas dit pour absoudre l'accusé qui ne peut qu'être extrêmement coupable , mais seulement pour vous prouver que vous êtes plus coupables encore. Emportez-vous ; dites que ce fut un Attila, un Tamerlan, qu'il fut despote , qu'il ne connut aucun frein ; je n'examine point tout cela : s'il fut despote, s'il ne connut aucun frein , pourquoi en fut-il ainsi ? mais si l'éducation vous excuse vous-mêmes, elle est aussi le palliatif de ses fautes. Pourquoi donc voudriez - vous qu'il lui fût refusé de se servir aussi de vos moyens de défense ? Ah pourquoi ? Je sais bien pourquoi ; c'est que, mes bons amis, vous sortez toujours de la question : vous ne vous attachez qu'à vouloir frapper sa personne, et c'est son système qu'il faut combattre ; vous vous amusez à des accusations personnelles , lorsque l'important, c'est de réfuter une opinion générale dont il est très-vrai qu'il profita cruellement. J'accorde tout ce que vous voudrez, peut-être était-il plus que tout autre disposé à s'abandonner à cette facilité d'enfanter des fléaux. Ce serait une nouvelle marque de votre extrême imprudence d'exposer les princes à une pareille tentation.

Et si , à l'intérêt du présent , je joignais tout

le danger dont vous menace l'avenir ! Interprétez les dernières paroles de Louis XIV ; si je pénètre bien ce qu'il voulut faire entendre, c'est qu'une guerre juste étant cependant la seule que l'on paraisse spécieusement autoriser, il peut arriver qu'avec le meilleur cœur du monde, souvent les souverains couvrent leur caprice ou leur ambition de toutes les apparences d'une cause légitime. Eh bien ! cet heureux prétexte dont les princes dévorés de l'esprit de conquête, savent toujours couvrir leur caprice ou leur ambition, est tout ce que l'histoire recueille et transmet d'âge en âge. Ne croyez-vous pas que vos arrière-petits - neveux seulement s'occuperont de vos larmes, de vos souffrances, de vos fatigues et de vos périls, sous le règne du triomphateur ? Paris également fut envahi sous Charles VII ; savons-nous, recherchons-nous même ce qu'a-vait souffert, ce que souffrit la multitude ? Le nom du vainqueur et les grands exploits, voilà tout ce qui se conserve. Le bon Henri, forcé de conquérir son héritage, assiégea aussi Paris. Il nous reste, à la vérité, des tableaux touchans de ces jours de calamités ; mais nous occupent, nous intéressent-ils autant que le doux souvenir d'un prince qui eut la grandeur d'âme de nourrir les assiégés ? Il est si facile d'ailleurs de couvrir de grandes erreurs, ou de les dénaturer au point qu'elles paraissent même dignes d'hommages. Certes, je n'ai pas le dessein d'outrager le pieux Louis IX, qui fut un prince rempli des qualités les plus éminentes de l'esprit et du cœur; il mourut victime d'un zèle aveugle, qu'il expia en quelque sorte par son trépas. Mais en est-il moins vrai, que ses expéditions outre-mer furent des plaies véritables pour la France, et son acte de piété une extrême imprudence. Cependant on pourrait l'absoudre d'un mot, en raisonnant de la manière suivante : Il est juste et légitime de combattre pour sa patrie, dirait-on; notre véritable patrie, à nous qui suivons la loi du Christ, ce sont les lieux où il est né; donc il était juste et légitime que des Chrétiens s'armassent pour les reconquérir. Point de doute que ce raisonnement n'ait séduit le vertueux saint Louis; et telle est la force de cette manière d'envisager son intention, que la seule idée que j'en donne, loin de laisser encore entrevoir l'issue malheureuse de l'expédition, imprime un nouveau charme à la mémoire d'un prince si digne d'ailleurs d'intérêt et d'amour. L'histoire, avec Napoléon, n'aura pas besoin de recourir à aucuns sophismes; ils sont tout établis en sa faveur et admis pour des vérités positives. Pensez-

vous qu'elle considère encore, d'après vos graves
dépositions, si son vrai nom fut Nicolas, s'il se
vieillit ou se rajeunit d'une année, je ne sais plus
lequel des deux? Vous aurez fait toutes ces révé-
lations en pure perte : l'histoire dira seulement
qu'il fit de grandes choses, et peut-être, à le juger
sans partialité, a-t-il fait aussi des choses recom-
mandables. Mais ne le considérons que dans ce
qui nous le montre coupable : alors même il ri-
valisa ses modèles ; heureux s'il n'eût pas enfin
été vaincu ! La postérité, vous imitant dans votre
manière de juger, l'admirera, le plaindra. Elle
fera plus, elle vous accusera. Oui, vous qu'il
pouvait tous entraîner sous les débris de votre
pays en cendre, elle vous taxera de faiblesse,
d'inconstance et d'ingratitude ; vous, ses vic-
times, vou serez condamnés ; lui que vous dites
votre oppresseur, il se montrera aux yeux de la
postérité, avec l'intérêt de César trahi, aban-
donné et tombant sous les coups de ceux-là même
dont il fut le bienfaiteur.

Ceci vous effraie, vous indigne, et n'est cependant qu'une conséquence naturelle de tout
ce que j'ai précédemment démontré. Quelles
sont donc en effet les actions éclatantes de tous
ces héros de l'antiquité, que l'on ne cesse d'offrir à l'émulation des princes modernes ? At-

tendez que je prenne mon Plutarque. Cyrus,
malgré toute la prévention favorable dont il
jouit pour la délivrance du peuple Hébreu,
achète ses premières conquêtes par la mort de
deux ou trois cent mille hommes. Crésus
lui en oppose ensuite *quatre cent vingt mille*,
que le vainqueur détruit entièrement, sans comp-
ter ceux des siens qui doivent également suc-
comber. Cambyse son fils, sous le prétexte de
venger un prétendu outrage fait à sa mère, et
sans lequel il n'eût pas existé, mais dans le fond
pour achever la conquête d'un vaste royaume,
court ensevelir *son armée* dans les sables de la
Lybie. Alexandre commence par *saccager toute
une ville et en faire périr tous les habitans.*
Il va tuer à Darius *cent dix mille hommes ;*
son adversaire revient à la charge, avec *un mil-
lion de combattans*, qu'Alexandre détruit encore, et voilà l'immortelle *journée d'Arbelles* !
Son favori meurt : Alexandre, pour lui offrir un
sacrifice digne de lui, va subjuguer une nation,
et fait, en forme d'holocauste, passer au fil de
l'épée *jusqu'aux femmes et aux enfans.* La
seule approche de César dans les Gaules est cause
que des peuples, bien décidés à ne pas lui céder
leurs propriétés, mettent eux - mêmes le feu à
leur pays, et brûlent *douze villes avec quatre*

cents villages. Sa première victoire leur fait périr *trois cent soixante - huit mille individus.* Sa seconde expédition *remplit* d'abord *une plaine immense de morts et de dépouilles*, et se termine par un supplément de *quatre-vingt mille hommes* restés sur le champ de bataille. Le carnage fut si grand, à la troisième, que « *les étangs et les fleuves les plus profonds furent remplis de morts, de manière que les Romains les passaient à pied.* » Je cite là les propres expressions de Plutarque. Je ne dis rien de trois à quatre mille hommes qu'il fit simplement estropier, pour les mettre hors d'état de reprendre les armes. D'autres peuples, qu'on ne put décider à fuir ou à se soumettre, furent *hachés en pièces dans la place même qu'ils occupaient.* De *soixante mille*, dit-on, il ne s'en sauva que *cinq cents.* Ce n'est rien encore. La seule bataille d'Alise ou Alexie (aujourd'hui le petit village de Sainte - Reine en Bourgogne), où toutes les forces des Gaules s'étaient réunies, ajoute à cette masse d'hommes massacrés, ou exterminés ou estropiés par César, plus de *trois cent soixante mille* individus. Je ne compte dans tous ces calculs, que les hommes tués à l'ennemi. O humanité ! pauvre humanité !..... Et voilà, peuples civilisés ! les mo-

dèles que vous pouvez offrir à vos princes! Voilà
les grands hommes que vous osez préconiser, et
regarder comme dignes d'hommages; c'est là
ce César que vous citiez avec admiration et reconnaissance à votre chef guerrier! Certes, il
est bien prouvé que vous êtes plus coupables
encore. Ajoutons maintenant que tous ces traits
effrayans n'ôtent rien aux qualités personnelles
de chacun de ces princes, et c'est ce que je vous
observais pour le conquérant moderne lui-
même.

Le bonhomme Thomas aurait mieux su le
combattre. De cet horrible tableau que j'ai
tracé, naissent trois réflexions; la première,
que le système de conquête est essentielle-
ment barbare, et je ne crois pas nécessaire
de s'arrêter davantage à le prouver; la seconde, qu'il est injuste, ce qui se démontre également de lui-même, puisque la plupart de
ces expéditions n'avaient réellement d'autre mo-
tif que le caprice ou l'ambition de l'agresseur;
et la troisième, qu'il est absolument de toute
inutilité. Cette dernière se prouve par l'exemple de César et d'Alexandre, qui ne jouirent
point du fruit de leurs longues et pénibles fatigues, et surtout de ce dernier, qui n'eut tant
accumulé en effet que pour ses capitaines, qui

divisèrent son empire en se le partageant après lui. Elle se prouve encore par l'exemple de Charlemagne, dont l'immense autorité, longuement et difficilement acquise, échappa aux mains faibles de ses descendans. Il est même une autre réflexion que je pourrais joindre à la troisième, c'est que, non-seulement les conquêtes sont généralement inutiles et n'ajoutent rien à la gloire des princes qui sont naturellement bons, mais qu'elles nuisent même à leur mémoire (je suppose qu'ils soient sagement appréciés), en ce qu'elles affaiblissent l'éclat de leurs bonnes qualités, par la considération des deux premières conséquences qui démontrent la barbarie et l'injustice.

On s'extasiera sur les monumens, sur les magnifiques créations que produisent ordinairement les grands règnes. J'admire aussi tous ces chefs-d'œuvre; mais, après tout, que m'importent tant de pierres accumulées somptueusement à mes yeux, si je ne cesse d'entendre des cris de mort, et de voir le sang ruisseler à grands flots? Pourquoi d'ailleurs un prince pacifique ne ferait-il pas aussi bâtir? il me semble que les arts conviennent bien mieux aux douceurs du repos qu'à l'essor tumultueux des conquêtes. D'autres s'écrieront, qu'ainsi la Providence, qui gouverne à son gré les empires, en a toujours marqué les destinées, pour offrir, dans l'instabilité des choses humaines, une grande leçon aux peuples et aux rois ; que c'est ainsi d'ailleurs que doit se propager la civilisation..... Bien obligé, messieurs ; laissez-nous redevenir sauvages ; et plût au ciel que le genre humain n'eût jamais cessé d'errer dans les bois, reposant au moins à son gré, soustrait à toutes les vexations, à toutes les requisitions, à toutes les impositions, à toutes les administrations, et surtout à toutes les prétentions de domination et de civilisation !

Voilà ce que j'aurais dit, ce que sans doute vous pensez vous-mêmes et qui nous ramène à la même opinion. Nous nous sommes rejoints pour ne pas nous quitter. Eh ! pourquoi les avantages de la vie civilisée seraient-ils intervertis, et ne pourrions-nous parvenir à en jouir paisiblement ? Nos maux prennent leur source dans un vice de notre éducation ? réformez le vice de notre éducation. On nous inspire dès l'enfance des sentimens exaltés ; on nous habitue à n'apprécier les grands hommes que par le nombre et l'audace de leurs actions et toujours de leurs actions belliqueuses, sans jamais nous faire considérer les principes qui furent leurs guides ; détruisez cet usage funeste:

que l'on ne révère plus que la mémoire des bons princes. Justes appréciateurs du faux éclat d'une gloire colossale, rehaussez dans votre estime le vrai mérite des souverains amis de leurs peuples et de l'humanité ; que désormais l'histoire écrive et soit consultée dans ce sage principe, que l'on ne fasse plus admirer à l'enfance que des vertus. Me serais-je créé là une chimère qui ne peut se réaliser ? Les hommes, je le sais, sont leurs propres ennemis, ou plutôt ils sont les esclaves de leur imagination qui ne tend qu'à les entraîner à des maux ; dois-je songer encore qu'un éclat mensonger seul les séduit, que jamais un bonheur paisible, jamais les doux charmes de la vérité ne sauront les satisfaire ; que j'aurai plaidé, discuté en vain ; qu'ils ne m'entendront pas, qu'ils ne sont pas mêmes susceptibles de m'entendre ? si l'on n'a pas perdu le souvenir de la position du domicile dans lequel j'écris, rien ne serait fort étonnant que je pusse dire de moi : *Vox clamantis in deserto.*

Non, ce n'est pas en vain que nous sommes réunis, et je ne parle plus d'un ton frivole. Vous que vos propres réflexions auraient indisposés contre la vie civilisée, rassurez-vous, les hommes ne seront pas réduits à gémir d'exister. Un gouvernement paternel vous est rendu , un autre Henri ne doit son héritage qu'à votre amour ; en lui respire une piété non moins vive , mais plus éclairée que celle de Louis IX : pressez-vous sous cet abri protecteur des générations ; connaissez enfin les douceurs du repos et des émotions tendres , et pour mieux les apprécier, repoussez le prestige, trop long-temps victorieux , des jouissances turbulentes et pernicieuses. Comparez votre sécurité présente aux craintes , aux incertitudes continuelles de votre existence passée : non-seulement l'honneur national est intact , mais toute votre gloire vous est conservée. La nation française céda et ne fut point vaincue ; ses monumens , ses arts , l'orgueil de ses victoires, le souvenir de tous les nobles exploits de ses guerriers, son rang imposant parmi les fortes puissances du continent , tout lui reste et s'accroît des précieux avantage de la paix et d'une sage constitution. Ce n'est pas là sans doute ce que nous avions lieu d'attendre quelques mois avant le 31 mars. Une main invisible et puissante a-t-elle donc opéré ce prodige ? Eh, mes amis, croyez-en le bonhomme Thomas; nous parlions tout à l'heure de la Providence et nefaisions que l'outrager en lui attribuant des maux qui ne sont que l'ouvrage des hommes. Sachons la reconnaître dans les seules occupations qui soient dignes d'elles : celles qui marquent la sagesse, la protection et une bonté plus qu'humaine. Qu'avons-nous besoin de déprimer un règne qui ne fut pas sans séduction ? La France, échappant à ses anciens jours de crime, de honte et d'avilissement, avait retrouvé sa splendeur et sa force; mais l'esprit de conquête et de domination l'entraînait à ne déployer qu'une puissance injuste, barbare, et qui ne l'eût conduite qu'à des résultats illusoires ou peu durables. La Providence, qui lui réservait les douceurs d'une gouvernement paternel, voulut faire enfin triompher la cause du malheur et de la vertu. C'est alors que la voix de cette céleste puissance fut entendue des souverains, c'est alors qu'elle attendrit leurs cœurs, guida leurs actions, et que des ennemis terribles devinrent des anges de paix.

Hommage lui soit rendu à cette bonté puissante qui nous donna de si doux garans de notre réconciliation avec les cieux et avec les hommes ! Il est donc une occupation plus douce et plus méritante que celle d'accumuler des conquêtes, ou plutôt celle-ci s'efface entièrement devant la noble satisfaction de faire le bonheur des peuples et de sécher leurs larmes. Oui, désormais oubliant le héros macédonien , vous citerez avec une juste admiration un autre Alexandre ; et songeant à toutes vos victoires passées , vous vous écrierez : la vraie gloire , la veritable conquête, c'est celle du vertueux Souverain, de l'auguste Famille qui vint nous délivrer du bruit des armes et nous rendre au bonheur.

Moi , unissant ma voix à vos concerts , heureux des avantages du présent , je n'oublierai cependant pas les intérêts de l'avenir ; et , songeant au jugement terrible que je vous ai fait craindre , pour finir par un trait de caractère , je vous répéterai encore de ma lanterne : Surtout, faites que la postérité sache aussi comment il faut lire l'histoire et apprécier les conquérans.

FIN.

DE L'IMPRIMERIE D'ADRIEN EGRON,
RUE DES NOYERS, N° 37.